BEI GRIN MACHT SICH IHR WISSEN BEZAHLT

AF144431

- Wir veröffentlichen Ihre Hausarbeit,
  Bachelor- und Masterarbeit

- Ihr eigenes eBook und Buch -
  weltweit in allen wichtigen Shops

- Verdienen Sie an jedem Verkauf

Jetzt bei www.GRIN.com hochladen
und kostenlos publizieren

Anke Seifert, Claudia Breisa

Der Bombenkrieg 1939 bis 1945 in Düsseldorf

GRIN Verlag

Bibliografische Information der Deutschen Nationalbibliothek:

Die Deutsche Bibliothek verzeichnet diese Publikation in der Deutschen National-
bibliografie; detaillierte bibliografische Daten sind im Internet über http://dnb.d-
nb.de/ abrufbar.

Impressum:

Copyright © 2004 GRIN Verlag GmbH
Druck und Bindung: Books on Demand GmbH, Norderstedt Germany
ISBN: 978-3-640-38718-2

Dieses Buch bei GRIN:

http://www.grin.com/de/e-book/109675/der-bombenkrieg-1939-bis-1945-in-dues-
seldorf

Ruhr-Universität-Bochum
Historisches Institut
Übung zur Geschichtskultur:
Der Bombenkrieg 1939 – 1945,
ein Tabuthema ?

WS 2003/04   20.2.2004

Referatsverschriftlichung

des Themas

„Der Bombenkrieg 1939 bis 1945 in Düsseldorf"

Claudia Breisa   Anke Seifert
PWG   PWG
Geschichte   Geschichte
3. Semester   3. Semester

Inhaltsverzeichnis

I. Einleitung

Wenn man heute durch Düsseldorf geht und die Bilder der Stadt nach dem Krieg kennt, kann man kaum glauben, dass das die gleiche Stadt ist. Die Bombenangriffe der Alliierten zerstörten eine Stadt, die damals schon auf eine fast siebenhundert Jahre alte Geschichte zurückblicken konnte, die mit ihr gewachsen und von ihr gestaltet worden war. Im weiteren Textverlauf möchten wir den Bombenkrieg auf Düsseldorf im zweiten Weltkrieg genauer beschreiben und seine Folgen für die Stadt, ihre Bewohner und ihr Leben betrachten.

II. Die ersten Luftangriffe

Luftangriffe und Verdunkelungsübungen waren den Düsseldorfern schon nach 1933 bekannt. Bis Mai 1940 blieben die Stadt und ihre Bewohner jedoch vor Angriffen geschützt. Englische Flugzeuge wurden zwar des Öfteren in der Nähe der Stadt gesehen, waren aber immer wieder verschwunden, ohne eine einzige Bombe abgeworfen zu haben. Im Mai 1940 wurde die Stadt, laut Akteneintragungen, das erste Mal angegriffen.[1] Hier variieren die Quellen das Angriffsdatum zwischen dem 11. und 15. Mai 1940.[2] Doch die ersten beiden Todesopfer waren erst Ende Mai zu beklagen. Insgesamt war die Anzahl der Opfer bei den ersten Angriffen gering. Die schon vor dem Beginn des Krieges gebauten Schutzräume boten doch einige Sicherheit. Bis 1943 waren in der Stadt 26 Großbunker, 119 Kleinbunker, 7.500 Luftschutzkeller, 8 Luftschutzstollen, Splitterschutzgräben für mehrere tausend Menschen vorhanden.[3] Die ersten Angriffe und ihre Schäden führten bei den Bewohnern der Stadt zu einem regelrechten „Bombentourismus".

---

[1] Görgen, Hans-Peter, Düsseldorf und der Nationalsozialismus, Düsseldorf, 1969, S. 208
[2] vergl. Görgen, Hans-Peter, Düsseldorf ..., S. 208, und Görgen, Hans-Peter, Dokumentation zur Geschichte der Stadt Düsseldorf, S. 300
[3] Görgen, Hans-Peter, Düsseldorf ..., S. 209

In den ersten Tagen nach den Angriffen standen Gruppen von Schaulustigen um die Bombentrichter herum und betrachteten interessiert die ersten Kontakte der Stadt mit dem Krieg. [4]

III. Die Luftangriffe und ihre Folgen

Im Sommer 1942 brachen über Düsseldorf die ersten schweren Bombenangriffe herein. Bis zu diesem Zeitpunkt beliefen sich die Schäden zwar schon auf 80 zerstörte, 550 schwer beschädigte und circa 7.000 leicht beschädigte Häuser, 200 Tote und ungefähr 500 Verletze, doch „die eigentliche Vernichtung, der mehr als die Hälfte der Stadt zum Opfer fallen sollte, begann erst am 1. August 1942."[5] An diesem Tag brannten große Teile der Innenstadt. Am Pfingstsamstag des Jahres 1943, dem 12. Juni, fielen in etwas über einer Stunde über 1.300 Sprengbomben und mehr als 250.000 Brandbomben. Die Polizei zählte über 9.000 Brände, 1.200 Tote lagen unter den Trümmern, 3.000 Menschen waren verwundet, 3.900 Gebäude zerstört und 25.000 beschädigt. Bei 103 Industrie- und Gewerbebetrieben fiel die Produktion komplett aus. Die Tonhalle, das Schloss Jägerhof, der Malkasten und viele Kirchen brannten aus. Insgesamt wurden 16 Kirchen, 13 Krankenhäuser, 28 Schulen und viele öffentliche Gebäude schwer beschädigt oder zerstört.[6] Von den Denkmälern blieben nur das Jan-Wellem-Reiterstandbild, die Schadow-Büste und das Cornelius-Denkmal erhalten. Sie wurden gut versteckt und waren nach dem Krieg noch gut erhalten. Die übrigen damals in Düsseldorf vorhandenen Bronzedenkmäler, Plastiken etc. mussten abgeliefert werden.[7] Dieser Angriff war laut David J. Irving eine britische Demonstration gegenüber der roten Armee. Stalin misstraute angeblich den Erklärungen Churchills, die Angriffe auf deutsche Städte würden zunehmen.

---

[4] Weidenhaupt, Hugo, Kleine Geschichte der Stadt Düsseldorf, 10. Aufl., Düsseldorf 1993, S. 181
[5] Weidenhaupt, Hugo, Kleine Geschichte…, S. 182
[6] Weidenhaupt, Hugo, Kleine Geschichte…, S. 182
[7] Görgen, Hans-Peter, Dokumentation…, S. 304

So trafen Ende Mai 1943 acht Offiziere Stalins in London ein, um die Durchführung und das Ergebnis eines Großangriffes auf eine deutsche Stadt zu studieren. Düsseldorf, als „Schreibtisch des Ruhrgebietes", wurde ausgewählt, auch um die dort vorhandene Rüstungsindustrie zu treffen. Um 0.55 Uhr wurde in der Stadt Fliegeralarm gegeben. Im November 1943 wurden das Zooviertel und der Zoo komplett zerstört. Ein weiterer schwerer Angriff im November 1944 richtete sich vor allem gegen die nördlichen und die östlichen Stadtteile. Insgesamt wurde Düsseldorf von 9 schweren, 234 mittleren und leichten Luftangriffen und von sieben Wochen dauerndem Artilleriebeschuss zerstört. Als die Kampfhandlungen in Düsseldorf am 17. April des Jahres 1945 beendet wurden, waren nur noch 4 % der öffentlichen Gebäude, 7 % der Geschäftsgebäude, 6 % der Industriebetriebe und 7 % der Wohnhäuser unbeschädigt. Hatte das Bauvolumen der Stadt vor dem Krieg noch 90 Millionen Kubikmeter umfasst, waren nun etwa 30 Millionen Kubikmeter in Schutt und Asche gesunken. Rund 10 Millionen Kubikmeter Schutt lagen auf den Strassen.[8] Die Einwohnerzahlen der Stadt betrugen 1939 noch 535.753 Personen. Bis Ende 1944 verringerte sie sich auf 292.730 Einwohner. Die restlichen Einwohner der Stadt wurden auf Kriegsschauplätzen oder daheim getötet, dienten in der Wehrmacht oder waren evakuiert. Bis zum Ende des Krieges mussten etwa 5.500 Menschen in Düsseldorf als Opfer der Angriffe verzeichnet werden. Darunter hauptsächlich Zivilisten, aber auch Angehörige der Wehrmacht, der Polizei, Kriegsgefangene und ausländische Arbeiter. In Düsseldorf wurde bis 1945 2.423mal Alarm wegen Luftgefahr gegeben, ergingen 1.514 öffentliche Luftwarnungen und 1.047mal Fliegeralarm.

---

[8] Weidenhaupt, Hugo, Kleine Geschichte…, S. 182.

Die Stadt wurde hauptsächlich von den Bränden zerstört, die bei den Angriffen ausbrachen. „Dennoch ist Düsseldorf von den Städten Nordrhein-Westfalens am glimpflichsten davon gekommen. Köln, Essen, Dortmund und Duisburg hatten größere Schäden zu verzeichnen, erlebten mehr Luftangriffe und hatten auch im Verhältnis zur Einwohnerzahl mehr Tote zu beklagen."[9]

IV. Das Leben zwischen den Luftangriffen

Nach dem Pfingstangriff von 1943 wurden sämtliche Angestellten der Stadt aufgefordert, sich im Rathaus zu melden. Da viele Angestellte ebenso Bombenopfer geworden waren oder auch in der SA oder der NSDAP mithalfen, erschienen in den ersten beiden Tagen nur etwa 30 % der Angestellten zum Dienst. In der Stadtverwaltung wurde die 60 Stunden-Woche eingeführt und am 20. Juni des Jahres waren erst 78,19 % des Personals wieder erschienen.[10] Auch die Arbeiter wurden in der Rheinischen Landeszeitung vom 16. Juni aufgerufen, wieder an die Arbeit zu gehen.[11] Schon in der ersten Woche nach dem Angriff gab es 50 Hilfsstellen, die die Opfer mit Ausweisen für Fliegergeschädigte, Abreisebescheinigungen und Schecks für Fliegergeschädigte mit einer Auszahlungssumme von 86.481.912 Reichsmark versorgten. Die Versorgung mit Lebensmitteln wurde während des Krieges zunehmend schlechter, weil die Lebensmittelgeschäfte zerstört wurden und kein Nachschub vorhanden war. Um die Bevölkerung bei Laune zu halten, wurden Sonderzuteilungen von Zigaretten und Nahrungsmitteln ausgegeben.[12] Die Mengen der nach Bombenangriffen ausgegebenen Sonderzuteilungen wurden im Verlauf der Kriegsjahre immer weniger.

---

[9] Görgen, Hans-Peter, Düsseldorf ..., S. 214f.
[10] Görgen, Hans-Peter, Düsseldorf ..., S. 212
[11] Görgen, Hans-Peter, Dokumentation..., S. 310
[12] Görgen, Hans-Peter, Dokumentation..., S. 311

Die Obdachlosen wurden teilweise mit Sonderzügen nach Thüringen und in die Moselgegend gebracht. Des Weiteren wurden circa 1.025 Menschen in heimischen Kasernen untergebracht und ungefähr 12.000 Menschen konnten bei Verwandten unterkommen. Die Nahverkehrsrouten in der Stadt waren stark beschädigt. An Stelle des zerstörten Schienenverkehrs fuhren schon am 15. Juni wieder Autobusse, so dass der Berufsverkehr fast ungehindert fortgesetzt werden konnte. Direkt nach dem Angriff bemühten sich Angehörige der Wehrmacht, der Flak, und des Reichsarbeitsdienstes um die Hausratbergung. Bei den Aufräumarbeiten des Straßenbauamtes sowie im Luftschutz wurden, um nur ein Beispiel zu nennen, am 24. Juni fast 3.000 Kriegsgefangene eingesetzt. Solche Arbeiten fielen nach jedem Angriff an. Man muss jedoch berücksichtigen, dass Düsseldorf niemals von zwei Großangriffen hintereinander getroffen wurde, so dass die Aufräum- und Wiederherstellungsarbeiten ungehindert fortgesetzt werden konnten.[13] Im Juni wurde auch der Schulbetrieb in Düsseldorf eingestellt. Viele Kinder wurden in andere, ungefährlich erscheinende Gebiete evakuiert.

V.   Düsseldorfs Wirtschaft im Krieg

Im Jahre 1940 war die Umstellung auf Kriegsproduktion im vollen Gange. Rein kriegswirtschaftliche Betriebe waren in ihrer Produktion voll ausgelastet. Andere Unternehmen wurden still gelegt und gaben so genug neue Arbeiter für die Kriegswirtschaft frei. Noch im Herbst 1940 entsprach die Wirtschaftslage fast den Vorkriegsverhältnissen. Da die ersten Luftangriffe hauptsächlich die Verkehrswege der Stadt trafen, fand eine Einschränkung der Wirtschaft, bzw. ihr dann darauf folgender Niedergang, erst mit den zunehmenden Luftangriffen auf die Stadt seit dem Jahr 1942 statt.

---

[13] Görgen, Hans-Peter, Düsseldorf ..., S. 212ff.

Der Jahresumschlag des Hafens sank 1942 erstmalig unter 200.000 Tonnen. Dies war ein schlechtes Zeichen, da der Rhein für die Düsseldorfer Wirtschaft unentbehrlich war. Ab 1943 wurde vor allem der Handel durch die Angriffe getroffen, da diese sich vor allem auf das Zentrum der Stadt richteten und dort die meisten Geschäfts- und Lagerhäuser waren. Es erscheint seltsam, dass gerade die Rüstungsindustrie, die das eigentliche Ziel vieler Angriffe war, am wenigsten Schaden nahm. Das lag daran, dass die meisten Werke in den Randbezirken der Stadt angesiedelt waren. Getroffen wurden größtenteils kleinere Maschinenbaubetriebe sowie Bekleidungs- und Brauereiwerke. Im Hafen wurden mehrere chemische Anlagen, 2 Nahrungsmittel und eine Futtermittelfabrik, 2 Textil- und Papierfabriken, eine Weizenmühle sowie Speditions- und Lagerhäuser zerstört.[14]

VI. Schlussbemerkung

Insgesamt lassen sich für Düsseldorf die gleichen Probleme feststellen, unter denen auch andere Städte im Krieg litten. Die Stadt ist, wie bereits erwähnt, noch relativ gut davon gekommen, wenn man vergleichend die Luftangriffe auf Hamburg oder Dresden betrachtet. Auch ihre unblutige Übergabe an die Amerikaner am 17. April 1945 schützte sie vor größeren Zerstörungen, obwohl sich für Düsseldorf als Gauhauptstadt und Sitz eines SS-Oberkommandierenden kein großer Widerstand im Untergrund halten konnte und vielleicht auch nicht versucht wurde, sich dem Regime entgegenzustellen, da man dann unweigerlich mit dem Tod rechnen musste. 300 Düsseldorfer wurden von den Nationalsozialisten ermordet. Viele von ihnen waren nicht aktiv am Widerstand beteiligt.

---

[14] Görgen, Hans-Peter, Düsseldorf ..., S. 194f.

Doch konnte ein Karnevalslied oder ein einfacher Ausspruch schreckliche Folgen nach sich ziehen, wie die beiden Fälle der bekannten Düsseldorfer, des Präsidenten der Düsseldorfer Karnevalsvereine, Leo Statz, und des jungen Pianisten Karlrobert Kreiten zeigen. Umso erfreulicher ist die Tatsache, dass die Stadt von einer Gruppe unerschrockener Düsseldorfer Bürger im Alleingang gerettet worden ist, als der Befehl der „verbrannten Erde" auch in Düsseldorf ausgeführt werden sollte.

Offensichtlich hat der „Schreibtisch des Ruhrgebietes" die Aufarbeitung seiner Geschichte versäumt. Anders ist nicht zu erklären, dass die verschiedenen Firmenportraits ihre Tätigkeit in den Jahren ab 1939 bis 1950 nicht erwähnen. Deshalb konnten wir leider nicht ermitteln, welche Firmen und in welchem Umfang diese im „Dritten Reich" an Rüstungsproduktionen beteiligt waren.

VII. Anhang:

Akten des britischen Bomber Commands über die Einsätze der britischen und amerikanischen Flieger

Raid Data Sheets Ex „Harris" Blue Books – Damage Diagrams for Düsseldorf
Bomber Command

Raid date	Aircraft Attacking	Tons claimed	Objective
1942			
8/9.3., 1/2.6.	5	8	Town Area
8/9.3.	1	1	Airfield
23./24.7.	1	3	Town Area
31.7. – 1.8.	511	996	Town Area
15/16.8.	103	244	Town Area
10/11.9.	393	745	Town Area
24/25.12., 31.12., 1.1.	10	28	Town Area
1943			
23/24.1.	60	205	Town Area
27/28.1.	138	443	Town Area
6/7.2., 16/17.5.	9	7	Town Area
25/26.5.	686	2.038	Town Area
29/30.5.	2	3	Town Area
11/12.6.	693	2.101	Town Area
13/14.6., 31.10., 1.11.	50	58	Town Area
3/4.11.	527	2.193	Town Area
3/4.11., 5/6.11.	31	68	Mannesmann Rohren Armarment Works
6/7.11.	2	2	Town Area
11/12.11., 12/13.11.	12	13	Rheinmetall Borsig Armarment Works
15/16.11., 19/20.11.	6	9	Town Area
29/30.11.	1	1	Rheinmetall Borsig Armarment Works
29/30.11. to 12/13.12.	17	15	Town Area
13/14.12. to 29/30.12.	33	28	Mannesmann/Rheinmetall
1944			
6/7.1. to 8/9.1.	3	3	Town Area
20/21.1. to 23/24.1.	16	14	Mannesmann/Rheinmetall
23/24.1. to 19/20.3.	102	105	Town Area
22/23.4.	567	2.151	Town Area
24/25.4. to 5/6.10.	112	190	Town Area
9/10.10. to 18/19.10.	19	32	Airfield
19/20.10. to 27/28.10.	11	19	Town Area
2/8.11.	947	4.491	Town Area
12/13.12.	1	3	Town Area
24.12.	164	797	Airfield
1945			
18/19.1. to 23.2.	22	16	Town Area

Numbers of Aircraft missing: 212

8th USAAF

Raid Date 1944	Aircraft Attacking	Tons claimed	Objective
5.1.	16	48	Town Area
3.4.	42	102	Town Area
9.9.	248	591	Rheinmetall
1945			
10.1.	55	163	RR Bridge
23.1.	11	33	Town Area
1.2.	14	42	Road Bridge

Numbers of Aircraft missing: 8

AIR 14/2662   XC/101289
191

Chemicals and Explosives
- Henkel & Cie   Reisholz   (3)
Situated 3 ½ miles Sout East of D. main station, the chemical works of Henkel & Cie
(incorporating Henkel G.m.b.H. on the same site) are the largest manufacturers of soap and
the second largest products of sodium perborate and glycerince in Germany. In May 1943
this plant was reported to be employing more than 3000 workers

Thompson-Werke G.m.b.H. Oberbilk   (3)
Manufacturers of soape powder and miscellaneous chemicals
Plant lies exactly 1 mile East of main railway station

Rutgerswerke A.G. 2 ½ miles of Nievenheim   (3)
This is one of the largest wood impregnating plants in Germany

Rubber
Pahlsche Gummi und Asbest-Gesellschaft „Pagnag" m.b.H. Rath   (3)
Fibre and astestos joinings, sheets, hose (reinforced), particularly rubber lined asbestos
products and possibly fuel tanks are manufactured. Well-equipped modern factory
employing 4-500 workers before the war.

Dusseldorfer Gummiwerk Theiler and Seeberger GmbH Heerdt   (3)
this firm employed 4-500 workers in 1938 when they were principally engaged in
producing rubber soles and heels reputedly at the rate of between 50 and 60 tons per mo nth.

Erwin Pfeiffer Düsseldorf   (3)
This company is a governmentlincensed retreating concern with capacity to process 1.000
motor tyres per month.

Foodstuffs

Rheinmühle AG Benrath (-)
This plant consists of flour mills, grain storage, cold storage, installations. Milling capacity
is 12.000 tons per annum and the total storage capacity is believed to be 1 million cubic
feet.

Simons Mühle Hafenbecken I Düsseldorf (-)
This plant consists of a flour mill and grain silos.

Rheinmühle Hafenbecken II (-)
Rheinmühle consists of flour mills and silos.

Anmerkung:

Dieser Auszug aus einer Aktensammlung des Düsseldorfer Stadtarchivs
wurde handschriftlich notiert, da keine Möglichkeit zum Kopieren bestand.

Zwei bekannte Gebäude in Düsseldorf vor dem Krieg

Das erste Düsseldorfer Warenhaus um 1900 (Leonhard Tietz, später umbenannt in „**Kaufhof**")

Das bekannte Hotel „**Breidenbacher Hof**"

Fotos 1 und 2 gefunden in:
Stöcker, Heinz: Düsseldorf in alten Ansichten. Europäische Bibliothek – Zaltbommel/Niederlande
MCMLXXIX

Die Schäden durch die Bombardierung im II. Weltkrieg

Das zerstörte Hotel **„Breidenbacher Hof"** und der ausgebrannte **„Kaufhof"** 1943

„Schrottsammlung", darunter die **Heinrich-Heine-Gedenktafel** von seinem Geburtshaus
Bolkerstraße 53, 1940

Fotos 3 und 4 gefunden in:
Weidenhaupt, Hugo, Kleine Geschichte der Stadt Düsseldorf, 10. Aufl., Düsseldorf 1993

Die Königsallee, Sommer 1943

Foto 5 gefunden in:
Weidenhaupt, Hugo, Kleine Geschichte der Stadt Düsseldorf, 10. Aufl., Düsseldorf 1993

Die Oberkasseler Rheinbrücke nach der Sprengung durch deutsche Truppen,
März 1943

Foto 6 gefunden in:
Vossen, Dr. Carl: Düsseldorf linksrheinisch einst und jetzt, 2. Aufl. 1962, Verkehrs- und
Verschönerungs-Verein e.V., Düsseldorf-Oberkassel